やまと尼寺 精進日記

NHK「やまと尼寺 精進日記」制作班

はじめに

番組ディレクター

戸田裕美子

「やまと尼寺」との出会いは、2015年、夏のことでした。

その年はちょうど、高野山開創1200年の年。職場の先輩夫妻に「すばらしいお経が聞けるからGWに一緒に行こう!」と誘われ、和歌山県の高野山で現地集合することになりました。待ち合わせ当日、人混みをかき分け現れた夫妻が、会うやいなや大興奮で、とあるお寺のことを話しだしました。

「野草の料理がものすごくおいしかった」

「尼さんたちが実に愉快だった」

「365日、犬のゴハン以外、ほとんど物を買わないらしいよ!」……道中、たまたま泊まった奈良の宿坊が、とんでもなくおもしろかった、と言うのです。

お寺で愉快で野草料理?……と疑問だらけの私に、「機会があったらぜひ行ってみて」と。

そのお寺こそが、奈良県桜井市、音羽山観音寺でした。

そのとき私は、東京で働きだして8年目の31歳。めまぐるしく過ぎゆく日々に、ちょっと違和感を持ち始めていました。

終電間近の満員電車に揺られ、窓に映る疲れきった自分の顔に驚き、家に帰ってレトルトソースのパスタを食べるような毎日。これでいいのだろうか。いや、なんか違う気がする。

流行りの〝オーガニック〟や〝スローなライフスタイル〟には憧れるけど、その環境を整える気力や体力はない。第一、台所の食器棚を開けたら1年前の調味料が発見されるような私の暮らしぶりからは程遠すぎる……。


そんなモヤモヤした私に、夫妻のお寺体験談は、ちょっと心に引っ掛かるものがありました。


その年の8月、ふと「そうだ、あのお寺に行ってみよう」と思い立ちました。

2泊3日の一人旅です。修学旅行以来の奈良です。

とくに神社仏閣に詳しいわけでもなく、宿坊も初めてなので、ちょっ

とドキドキ。

東京からおよそ4時間。バス停を降り、目の前に現れたのが……目を疑うほどの急勾配でした。

「ほんっとに山道キツイから！」と再三聞かされていたのに、夏休み気分の私は、ワンピースにビーチサンダル、といういかにもふざけた恰好でした。

浮ついた態度を心底後悔しつつ、汗だくになりながら山道を登りました。もうこれが、本当にキツイ！　登れば登るほど傾斜は険しく、息が上がり、足は重く……どこまでも続くクネクネ坂道を前に、「本当にこの先にお寺があるのかしら……」と不安が募ります。

孤独に登るさみしさも手伝って、あーもう無理！　限界！　と思ったその矢先、ようやく石段が見えてきました。あぁ、やっと着いた。あぁ助かった……。


迎えてくれたのは、笑顔がかわいい住職の後藤密榮《みつえい》さんでした。

初めて見るご住職の庭仕事や山仕事がおもしろくて、いろいろ聞きたくてウズウズしつつも、「お寺だし、きっちりしないとダメかな」「こんなこと聞いちゃ失礼かな」と最初は遠慮していました。けれどご住職は、つきまとう私を邪魔にせず、笑顔で優しく教えてくれます。よく食べてよく笑い、よくしゃべるご住職を、すぐに大好きになりました。

そして、夢のような精進料理の数々！　〝お精進〟といえば、アニメの一休さんが食べていた、すこしのお粥とすこしのお漬物……のイメージがすっかり覆されました。

あらゆる色彩が輝く三膳は、まるで会席料理。しかもほぼ、誰かからいただいた野菜や、自生している野草や木の実を使っている、といいます。

その味は、珍しかったりおもしろかったり……。心身ともに浄化されたような気がしました。

そうして私は、東京から片道5時間かかるこの尼寺に、たびたび通うようになりました。

ご住職と一緒に暮らすのは、おちゃめな副住職の慈瞳《じとう》さんと、働き者のお手伝い・まっちゃん。ここでの暮らしは素朴で温かく、いつも笑いが絶えません。

3人と時間をともにする中で、お寺で過ごす〝何気ない日常〟の大切さこそが、私の日頃の暮らしに欠けているものではないか、と思うようになりました。

ある日、白和えを作るためにすり鉢で豆腐をすらせてもらいました。これがものすごく楽しかったのです。

すりこぎを、同じ速さで繰り返し動かす。体を使って、音とリズムを刻む。

そうすると、食材がみるみる姿を変えていく……。

当たり前のことなのですが、こういうシンプルな出来事を楽しむ気持ちを、私はすっかり忘れていました。


それに、このお寺にいると、普段気にもとめない〝音〟が次々と聞こえてきます。

里から遠く離れているので、下界の音は一切届きません。主なBGMは、風がそよぐ音と鳥の鳴き声。

縁側でボーッとしていると、屋根を打つ雨音や、草花が風に揺れる音、すり鉢でする音や、野菜を刻む音があまりにも美しく……いつまで聞いていても飽きません。

このお寺の不思議な心地よさを、たくさんの人におすそ分けしたい、と思いました。

それが、「やまと尼寺 精進日記」を企画したきっかけです。お寺に行くたびに、普段見逃している何気ない物事の美しさやおもしろさに、ハッとさせられます。道の片隅にひっそり咲く小さな花や、ギンナンの実が姿を現すその瞬間。そしてそれらを全力で楽しむご住職たちの陽気な笑い声。

本当の〝ゆたかさ〟ってなんだろう？ とそのたびに自分に問い直します。それはもしかして「何でもない時間」かもしれないし、「人のために心や時間を尽くすこと」かもしれません。

3人の暮らしを間近に拝見しながら、私も答えを探し中です。会社員をしていると、お寺の生活全部は真似できませんが、心に届いたちょっとのエッセンスを取り入れていけば、明日からの生活が少し楽しくなるかもしれない……。

みなさんにとっても、そうであることを願っています。

目次

春

夏

秋

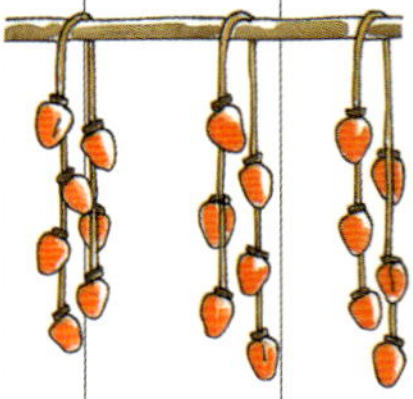

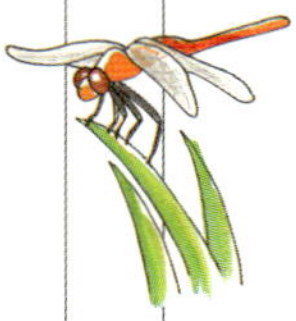

冬

やまと尼寺とは？

奈良の真ん中、桜井から吉野へ抜ける県道沿いに広がる山々のひとつが音羽山。その中腹にひっそりとたたずむのが、ＮＨＫ「やまと尼寺 精進日記」の舞台、音羽山観音寺だ。

音羽山観音寺がある奈良盆地南部は古代の都が置かれた場所。

現在の建物は江戸時代の寛政６年（１７９４年）に改築されたもので比較的新しいが、創建は奈良時代にさかのぼるという。その歴史、１２００年。

伝承として、藤原鎌足を妙楽寺に祀った際に、鬼門除けの寺として丑寅の方角に建立し、鎌足自作の梅の木の観音像を安置したのが始めとされる。奈良時代には音羽百坊として隆盛を誇り、山岳信仰における修験者の霊地として栄えたという。「尼寺」とはほど遠い、女人禁制の場であった。

貞観18年（876年）の〝音羽流れ〟などの災害や度重なる戦火を潜り抜け、いまに残る本堂は、かつての奥之院と伝えられている。そこには千手千眼十一面観世音菩薩が安置され、脇壇には、薬師如来、不動明王、毘沙門天、弘法大師が祀られている。

本堂の東側には護摩堂、音羽の滝があり、滝の清水は眼病に霊験あらたかな霊水として信仰する人が多い。

歩いて登るしかない山深い古刹は美しい自然であふれている。

時代とともに宗派と寺名の変遷を経てきた寺は、いまは融通念仏宗の末寺、音羽山観音寺として多くの人々に支えられている。

住職の後藤密榮さんのもと、副住職の佐々木慈瞳さん、お手伝いのまっちゃんとともに、尼寺として里の人々のみならず、全国各地の人々に愛され、NHK「やまと尼寺　精進日記」の放送が始まってからは、さらに訪れる人の絶えることがないという。

（編集部記）

※芝房治著『大和・音羽山中―観音寺ものがたり―開創一二五〇年の謎を探る』（非売品）を参考にした。

春

今年は
寒いから、
まだ桜のつぼみ
硬いかな

制作班の便り

番組ディレクター
戸田裕美子

たけのこ お花見 新緑尽くし

春は少し苦手な季節です。毎日眠たいし、体はボヤ～ッと重いし、別れや出会いのインパクトに心がざわつくし……さあ、こんなときこそ音羽山観音寺です。たくさん歩いてたくさん笑うのが何よりのデトックス！

私が訪れたのは、4月のはじめでした。ふもとの潤子さんちの桜が「そろそろ咲きそう」と聞いてきましたが、開花まではあとすこし。音羽山の春は、すこし遅くやってくるようです。

ご住職たちと、「咲いてないんじゃしょうがないよね～」と笑い合いながら、みなさんなりの〝お花見〟を撮影させてもらいます。それまで私は、4月も5月も同じ「春」だと思っていましたが、お寺では1日1日がまったく別の「春」でした。

1週間滞在している間に採れる山野草が変わり、咲く花の種類が変わり、ご住職たちの食べるものが変わります。「フキノトウが食べ頃だと思ったら、もう花が開いちゃってたー」なんてこともしばしば。

その年、その時期、その日に出会う〝山の恵み〟はまさに一期一会。日々を丁寧に生きるからこそ味わえる喜びなのですね。

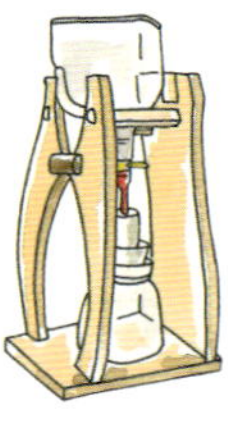

もうひとつ、お寺の暮らしを支えているのは〝里からの贈りもの〟です。お寺には、なぜか食料を持った人が次々と訪れます。

隣町から旬の野菜を届ける人、糖尿病対策で牛乳6本を背負って毎週登って来る人、本堂の瓦を直すついでに水出しコーヒードリップや鍋ぶたをＤＩＹしていく人まで……。

どの人も、ゆるゆるっとやってきて、ゆるゆるっとお話をして、いいお顔で帰っていかれます。気取らぬ笑顔でお願い上手のご住職は〝古代版スナックのママ〟的存在なのかも……。

大量にいただく食料は、ひとかけらたりとも無駄にしません。「どうしたら一番おいしく、一番長く楽しめるか?」を話し合うご住職たちの目は真剣そのもの。

おいしく料理された〝贈りもの〟たちは、里の方々や、お参りに来る方たちにお返しされていきます。

そんな昔ながらのギブ&テイクの精神が、私のような東京の独り身には、とてもうらやましく見えるのでした。

お花見

山の自然がもたらす春の楽しみ

かわいいなぁ

春の使者や！

4月のある日。「観音さん、行ってきます！」とあいさつして向かった先は、山のふもと。
暖かくて、陽気がいい今日は、日ごろお世話になっている潤子さんたちをお招きして、花より団子のお花見女子会を催します。桜はまだだけど、季節の花は満開。スイセン、タンポポ、水芭蕉にフキノトウ……。ご住職たちと一緒にいると、野草も華やかに映るから不思議です。
色とりどりの料理が並び、宴は続きます。

お料理上手が
持ち寄った
自慢のお弁当で
カンパイ！

カンパイ！

これ、
潤子さんの
ところの
きんかん！

シャキシャキの
たけのこに
トローンと甘い
木の芽味噌

アウトドア天ぷら

食べどきの野草を楽しむ

お花見の一品は、なんと屋外での天ぷら。お寺からの道中、はさみを片手に、次々と野草を見つけては摘み、ついにはカゴいっぱいに。その場で採って、揚げて、食べる！ とても斬新で、このうえない贅沢。季節を味わう、まさに旬の料理です。

食べるものは自分で見つける……厳しく楽しい掟！

代々音羽山のふもとで暮らす
堂上《どうのうえ》潤子さん

ヤブカンゾウ、セリ、フキノトウ、ヨモギ、ノビル、スギナ、ウイキョウ。

全部 この辺で 調いました

摘んだ野草は全部で7種類！お金を使わずにいただける、春の恵み。

衣をつけてカラリと揚げれば……

さっき摘んだ野草が天ぷらに

里からの贈りもの

春

食材はほとんど買わない、という
お寺の暮らしを支えているのが、〝里からの贈りもの〟。
季節ごとの里の恵みを運んでくれる人々がいます。
お寺の食事が彩りゆたかなのは、
この「応援団」の存在があってこそ。
ご住職はその気持ちに感謝しながら、
今日もおいしい献立を考えます。

丸山さん こんにちはー
こんにちは たけのこ持ってきましたよー

こっちは 湯がいてある こっちは 掘りたて

丸山さんご夫婦
毎年採れたての野菜を届けてくれる

たくさんの野菜を持ってきてくれたのは、表具屋を営む丸山悦司さんと奥さんの陽子さん。かんぴょう、黒豆、菜の花、たけのこをどっさりいただきました。「食べる人にあげたらええんや」と言う丸山さん。丸山さんには、ふすまなどの建具も修理してもらっています。

カゴに
どっさり
いただきました。

ふもとの潤子さんからは、毎年きんかんの実をいただきます。木になった実を、一緒に収穫させてもらい、そのままお寺に持ち帰るのが恒例なのだそう。
「そしたらおいしいお菓子になって返ってくる！ それが楽しみ！」と潤子さん。

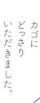

たけのこのちらし寿司

彩りゆたかな春の山のようなごはん

いただいたばかりのたけのこで、さっそく料理が始まります。
一刻を争うたけのこの下ごしらえ。硬い部分を除いて米ぬかを加え、皮付きのまま茹でます。
旬のごちそうをおいしく食べるためには、手間も工夫も惜しみません。

丸山さんからいただいたたけのこ！

大胆！
直接ドサッといきますよー

たけのことにんじんは薄味で。
シイタケは濃いめに。
食材のうま味を
引き立てるための工夫。

材料（6人分）

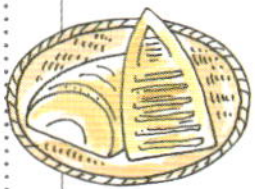

- 米……3合
- すし酢……60㎖
- たけのこ……小2本
- 干しシイタケ……適量
- にんじん……1/3本
- 錦糸卵……卵2個分
- 菜の花、桜えび、ごま、紅ショウガ……各適量
- ※酒、しょうゆ、みりん、白だし……各適量
- 砂糖……適量
- 干しシイタケの戻し汁……適量

作り方

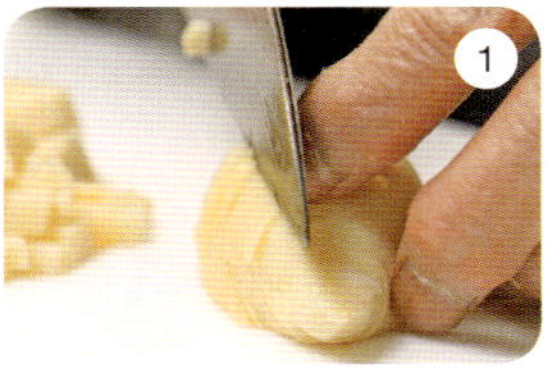

たけのこの中心部分はさいの目切りに。穂先は飾り用に薄切りにする。

干しシイタケを戻して細切りにし、さらに刻む。

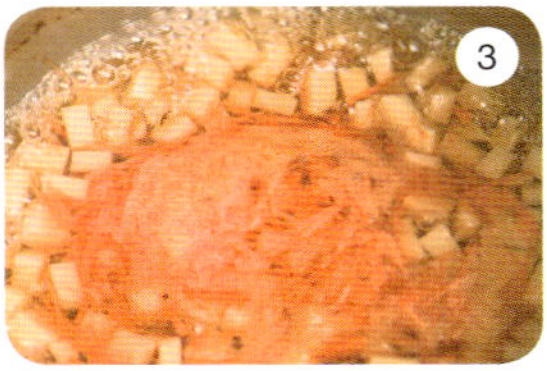

にんじんは細切りに。さいの目に切ったたけのこと一緒に※とシイタケの戻し汁で10〜15分、薄味に煮る。

シイタケは※と砂糖、シイタケの戻し汁で10〜15分、甘辛く煮る。

酢飯に、煮た具材と桜えび、ごまを入れて切り混ぜる。

錦糸卵、菜の花、たけのこ（穂先）紅ショウガを飾る。

たけのこ団子

たけのこ全部食べ尽くすアイデア料理

硬い部分も
すりおろすと
おいしくなるの

ご住職が手に取ったのは、下ごしらえのときに切り落とした、たけのこの根元の部分。炊いても噛むとガリッとするこの部分を、お寺ではひと手間の工夫で、おいしい料理にしてしまいます。

今日はすりおろしてふわっとしたお団子に。

たけのこの香りいっぱいのお団子です。

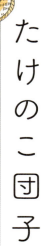

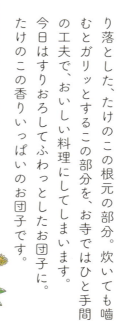

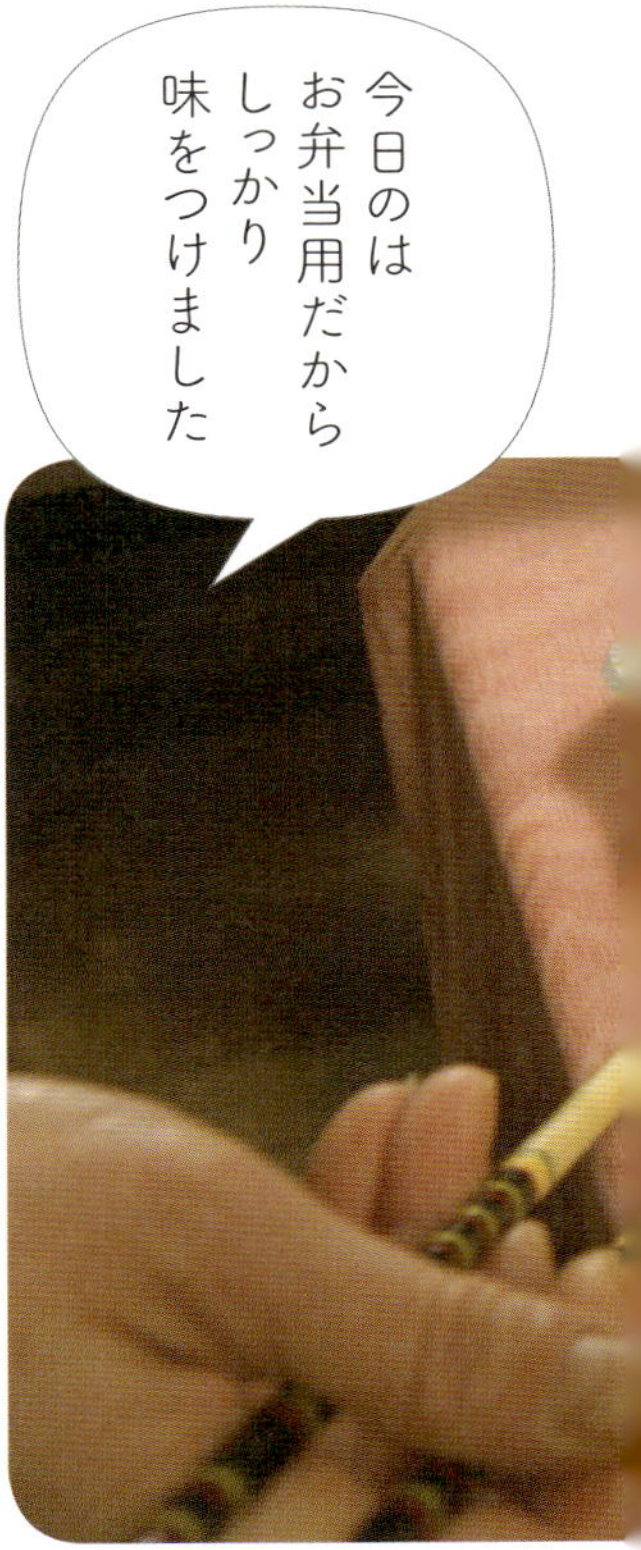
今日のは
お弁当用だから
しっかり
味をつけました

硬い部分にも
うま味はたっぷり。
すりおろして揚げれば
ふわっとした食感に。

材料（作りやすい量）

たけのこの根元……適量
自然薯……たけのこの根元と同量
たけのこの中心部分……適量
かたくり粉、白だし粉……適量

作り方

1

あく抜きをしたたけのこの根元、自然薯をすりおろす。

2

歯ごたえとアクセントを出すために、さいの目に細かく刻んだたけのこの中心部分を入れる。

3

かたくり粉と白だし粉をそれぞれ適量加える。白だし粉がなければ、ほかの粉末だしでもいい。

4

食べやすい大きさに丸める。

5

180度の油できつね色になるまで揚げる。

きのこの菌付け

原木に植え付けて自家栽培

音羽山のふもとで桜が咲くころ、お寺ではきのこの菌付けをします。黙々と原木に穴を開けるのは慈瞳さん。
ここではきのこも自家栽培が基本です。境内の原木では、シイタケ、クリタケ、ヒラタケ、なめこの菌が発生のときを待っています。

↑慈瞳さんが原木に等間隔で穴を開ける。

↓ご住職が次々と駒菌を打ち込んでいく。駒菌は乾燥すると菌が弱くなるので、始めたら一気に。

↑駒菌とは、木片にシイタケの菌を培養したもの。

二人ともなんだか楽しそう！

↓2年から3年たつと、シイタケが生えてくる。

境内には
菌付けした
原木が
ずらり！

冬になったら
叩いて
回るんです。
早く出なさいよって。
楽しみ！

ヒラタケと
なめこは
1年で生えてくる。

ふすま修理

〝壊れたら直す〟で続いていく

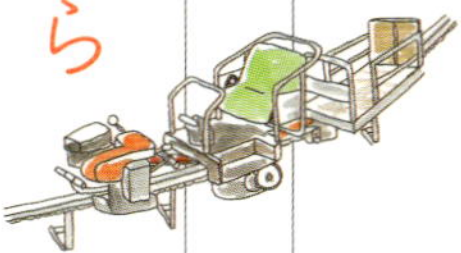

野菜を届けてくれた丸山さんに、なにやらお願いをしていたご住職。さっそく、破れが気になってきたふすまの修理が始まります。たくさんの人の力を借りて、〝壊れたら直す〟を繰り返してきたお寺。「ありがたい!」の気持ちでギブ&テイクは続いていきます。

お風呂の薪がたりないなぁって言うと、薪を割ってくれる人が来るし、ふすまが破れて汚いなぁって言うと、遠いところから直しに来てくれるし。

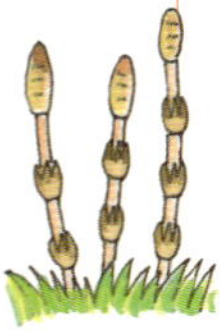

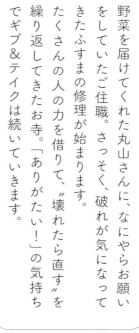

長年使ったふすまも
よそからの
お下がり。
傷んだら直して
使い続けます。

桜の木の植樹

歴史をつないでいく山仕事

今日は「しょいこ」に苗木を背負って山仕事スタイルのご住職。苗木を植えるのは、お寺からさらに登った急な山道に沿った斜面です。

かつて「鼓の里」と呼ばれたこの地に、鼓の材料である桜の木を取り戻したいと考えたのが植樹の始まり。数年前から毎年すこしずつ植え、いまでは200本を超える若木が山道を飾るまでになったそう。

ここにも、明日を楽しむ工夫がありました。

お弁当も持って1日仕事です

里のみんなと作った展望台。ここまでの山道も整備しながら桜を植えてきた。

あと10年もすれば、
植えた桜が
咲くと思うのね。
協力してくれた
みんなを呼んで、
展望台で
お花見したいわ。

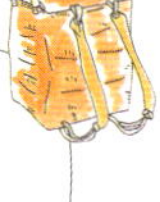

植えたら
鹿除けのため
網を
掛けます

足元
気ぃつけてな

腰入れて
やらな

春の山菜採り

摘んで切って掘っての大収穫

新緑のころ、山菜も最盛期を迎えます。今日はウコギを採りに出かけたご住職。山菜と会話をするように、食べごろの山菜を次々と見極めていきます。結果は、予想を上回る大収穫。すこしずつ、必要な分だけ。翌年もまた山菜を楽しむため、山の恵みを守るための知恵です。

サルトリイバラともいわれるサンキライ。根っこは生薬として使われる。丸い葉は食用になる。

こんなにたくさん！たまには採ってほしいの？

若芽を採って2番芽を残します

踏んでごめんね

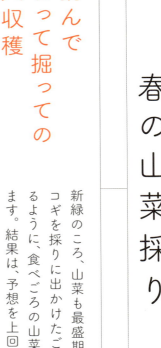

ウコギは
ウドやタラノキの仲間。
天ぷらにしたり、
ごま和えにしたりする。

お寺では、
ご住職が
20年も前から
山ウドを
食材として
大切に
育てている。

コシアブラは
ウコギの仲間。
タラの芽や
ウドと並ぶ
山菜の王様。

サンキライ餅

ご住職が小さいころから親しんできた味

山で収穫した丸い葉っぱのサンキライ。この時期のやわらかな葉でお餅を包めば、柏餅ならぬサンキライ餅になるんだそう。採りたてのみずみずしさは、おいしさの必須条件。今日も３人の見事なチームワークで料理が始まります。

あ、葉っぱそのまま食べた
おいしい！

試食、もうひとつ食べる？むふふ……

材料（30個分）

団子粉……400g
こし餡……適量
サンキライの葉……適量

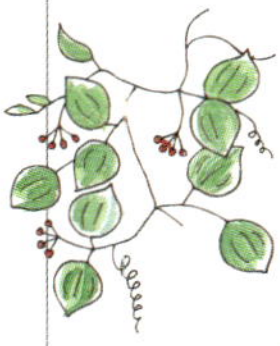

作り方

1 団子粉にお湯を加えながら練る。

2 耳たぶくらいの硬さになったら、適当な大きさに分けて蒸し器に入れる。

3 小分けにするほうが早く蒸し上がる。

4 蒸し上がった団子生地をちぎって薄く伸ばし、餡を包む。

5 団子をサンキライの葉で挟み、さらに5分ほど蒸して出来上がり。

山菜尽くし膳

山菜の緑が冴える5月の膳

この日のお膳は山菜尽くし。採りたての山菜をふんだんに使った、この時期限定の新緑膳です。1本のウドを、部分ごとの特徴に合わせて使い分け、おいしい料理に仕立てます。味わいはもちろん、山菜の緑を引き立てる工夫に満ちた、目にもおいしいお膳ができました。

天ぷらから酢の物まで山菜がたっぷり。

山ウドの根元はあくが少ないので、生のまま甘酢と和える。

山ウドの青いところはあくが強いので、茹でて酢味噌と和える。

ウコギはごま和えに。

コシアブラはにんじんと一緒に白和えに。

しめは、芽みょうがとクコの実の混ぜご飯。

お寺の境内で摘んだ山椒の若芽はすって木の芽味噌に。1年分をまとめて作る。

焼いた生麸に木の芽味噌をたっぷり塗って田楽に。

上の硬いところはえぐみがあるけど下のやわらかいところはないのね
へえ！

住まうひとびと

心を配りながらお寺を守る

ご住職こと 後藤密榮さん

食べることへの情熱は誰より強く、どんな食材もおいしく調理してしまう料理の達人。

ご住職を知る人は皆、〝そばにいれば食いっぱぐれない〟と口を揃える。撮影にお邪魔したときも、ほんのすこしの合間を無駄にせず山菜採りに勤しむ。おいしいもののためには、手間ひまを惜しまない。

里の人からは〝庵主《あんじゅ》さん〟と呼ばれて慕われている。細やかに気を配りながら、季節の行事を大切にして、人々が集うお寺をつくってきた。

ご住職が丹精込めて作ったお菓子や漬物、調味料は、“庵主さんの手づくり”として一部はお寺でも販売されている。里の人からも「とてもおいしい」と好評。

取材や撮影でお寺にお邪魔するとき、「いまお話ししてもいいですか?」と聞くと、必ず「大丈夫ですよ!」と声が返ってくる。いつでもゆったりと構え、笑顔で応対してくれる。

ご住職の庭

春

お寺の庭は、ご住職が30年かけて
すこしずつ手を入れてきた大切な場所。
観賞用の花や植物、食用ハーブまで、
なんと200種類以上も植わっているそう。
季節ごとに色とりどりの花をつけ、
四季のうつろいを知らせてくれる。

シャガ

一面に広がる花畑は、もともと咲いていたものに加えて、山から株を運んで増やした。境内の斜面の下の竹藪だったところを10年ほど前に切り拓いて耕し、手を入れた。初夏までたくさんの花を次々と咲かせる。

物ごころつく頃から花が好きだったの。母が花をたくさん育てていたし、家の中にも常に生け花があったのよね。

椿

玄関正面にあり、色鮮やかな葉と花で来客を迎えてくれる。赤と白の混色の花がかわいらしい。毎年たくさんのつぼみをつけ、4月の花まつりには欠かせないとご住職が重宝がる花。

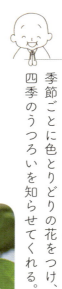

西洋さくら草

10年ほど前に
花好き仲間の信者さんが
種をまいてくれたもの。
以来毎年花をつける。
お寺では1月の終わり頃から咲き始め、
春にも花が楽しめる。
種が落ちて自然に芽が出たものを、
秋に植え替えて楽しんでいる。

富士桜

暖かくなる前に
花をつける品種を、と
ご住職が植えた桜。
鉢植えにしている。
木の高さは
1メートルほどと低めで、
花は下向きに咲くのが特徴。
お寺では3月頃から
つぼみが膨らみ、咲き始める。

パンジー、ビオラ

色とりどりの
小さな花はプランターに。
行事の際には境内に移し、
お参りの人たちを
おもてなしする。
11月に植えた苗は、
春に満開になる。
1日でも長く楽しむために、
花殻摘みや追肥を欠かさない。

夏

あそこに陽が
差してきた
明るいきれいな
青空やね

制作班の便り

番組ディレクター
戸田裕美子

万葉ハーブの贈りもの

灼熱地獄の7月。山の上のお寺なら多少涼しいのでは……と期待して登ったものの、さすが奈良盆地。やはり、暑い。

でも、お寺で味わえる〝夏〟はとても短いんだそう。梅雨時には、冷えと湿気で薪ストーブを焚くこともあるし、9月の朝晩にはもう上着が必要になります。暑さを楽しめるのは、7月半ばから8月終わりごろまで。お寺のみなさんいわく、まさに期間限定の〝夏〟です。

クーラーのないお寺では、打ち水をしたり、すだれを掛けたり、風鈴をつるしたり……五感で〝涼〟をとる工夫がいっぱいです。

暑さで登ってくる人も少ないため、日常は案外穏やか。ご住職の山仕事にも精が出ます。

今日は、お寺からさらに山を登った展望台付近の草刈りをする、とのこと。「展望台」という言葉に惹かれ、軽～い気持ちでついていったら、これがまた甘かった。お寺までの山道よりさらに険しい急勾配が待っていました。

道中、ご住職にチョコレートやキャンディーをもらい、励ましてもらいながら、なんとか階段を一歩一歩……。

はぁ、着きました～！　視界がすこーんと広がり、大和三山が見

渡せるパノラマ大絶景！　1300年前に栄えた古都です。藤原京跡や、万葉集に詠まれた香具山も見えます。当時の人たちも、この景色を楽しんだのかなぁ。
「せっかくお寺まで来てくれた人たちに、この景色を見せてあげたいの」とニッコリ笑うご住職。なんと展望台までの階段を、里の人と一緒に手作りしたといいます！
　じつはお寺までの山道も全部手作り。毎日毎日セメントを運んで固めて……雨が降って流されるとまた固めて……という気の遠くなるような作業だったそう。

　私は常々、「人のために時間を使える人」に強く憧れます。日々の暮らしに流されていると、どうしたら早く仕事が終わるか、とか、どうしたら自分の時間を確保できるか……ということばかり考えてしまうのです。だから、とりとめの無い悩みを我がことのように聞いてくれる友だちや、自分の仕事ではないのに徹夜で編集に付き合ってくれる先輩に出会うと、もうものすごく尊敬してしまいます。
　自ら道を作る開拓精神と、無償の優しさを持ち合わせたご住職は、やっぱり私の憧れの人でした。

梅の下ごしらえ

梅仕事

視覚と嗅覚で楽しむ初夏の台所仕事

梅雨入り前の6月上旬、お寺には、カゴいっぱいの梅が届きます。ふもとの潤子さんからいただく、採れたてのみずみずしい梅！

自然の美しい青とさわやかな香りは、この時期だけのお楽しみ。

手間ひまかけた梅仕事が始まります。

めっちゃきれい
宝石みたい
いいにおい！

取れたかな？しぶとく残ってる軸がいるの！
傷つけないようにね

種類・大きさ・
熟し加減によって選別し、
梅酒、梅味噌、
甘露煮、梅干し、
梅ジュースなどに仕上げる。

梅の下ごしらえ

ボウルに水をはり、
梅をひたす。
水を2〜3回
替えながら、
傷つけないように、
やさしく洗う。

皮を
破らないように
気をつけながら、
竹串でへたを取る。
軸が残ることも
あるので要注意。

かびないように、
水気を
丁寧に
拭き取る。

梅仕事

梅酒と梅味噌の仕込み

時間が味をつくるよろこび

下ごしらえを終えたら、さっそく仕込みです。梅は熟成させて食べるのが基本。梅仕事は、未来の楽しみを生みだす時間でもあります。
ご住職が案内してくれたお寺の貯蔵庫「瑞鳳庵」には、これまでに仕込んだ梅酒がずらり。今年もまたひとつ、楽しみが広がります。

1年後、元気で飲めますように!

あ、誰か飲んだな

なかには22年ものの梅酒も!

保存瓶は
アルコールで
しっかり
消毒します

時間を
かけるから、
おいしいのが
できる

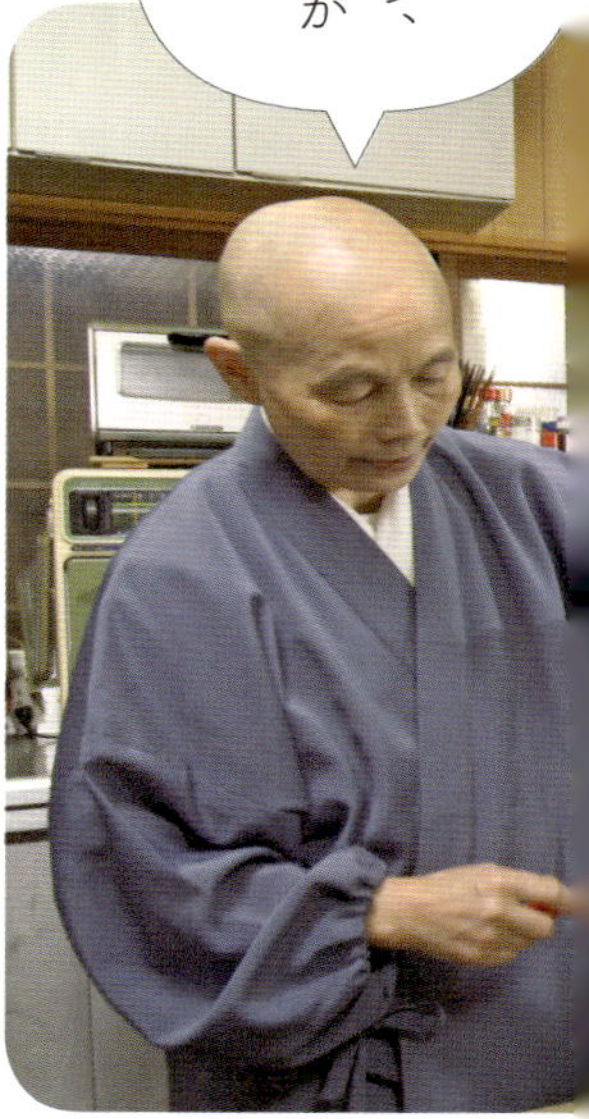

すこしずつ熟成して、
変化する。
いろんな年の梅酒が
並んでいるのを
眺めるのも楽しいの。

梅酒

材料
青梅……1kg
氷砂糖……500g
焼酎……1.5ℓ

作り方／下ごしらえした梅、氷砂糖の順で保存瓶に積み重ね、ホワイトリカーを注ぐ。保存瓶は事前にしっかり消毒を。あとはじんわりじっくり、時間がおいしくしてくれる。1年ほど置くと、おいしく飲める。

梅味噌

材料
青梅……500g
砂糖……500g
米味噌……500g

作り方／味噌、砂糖、梅の順に消毒した保存瓶に層になるように重ねていく。ふたをして2～3週間常温保存。瓶を毎日振って発酵を促す。2週間たったら食品用手袋などをして梅を取り出し、種をはずしてミキサーで潰し、瓶に戻す。冷蔵庫に入れ、仕込みから約1か月でおいしい梅味噌に。

梅尽くし膳

自慢の梅仕事がおりなす多彩な味わい

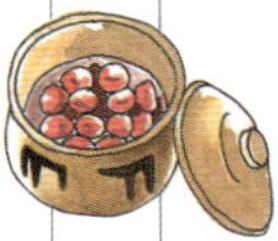

今日のお客様へのおもてなしは、梅尽くし膳。1年前に漬けた秘伝の梅干しを、すったり揚げたり、さりげなく忍ばせたり。その味わいは、酸っぱいものから甘いものまで多彩。お寺ならではの食材と組み合わせて、初夏を感じる彩りゆたかな梅料理が揃いました。

酢の物には、酒とみりんで梅干しを煮て作ったいり酒を。

長芋には熟成した梅味噌をとろりと。

ライスコロッケにも梅肉とチーズをこっそりと忍ばせる。

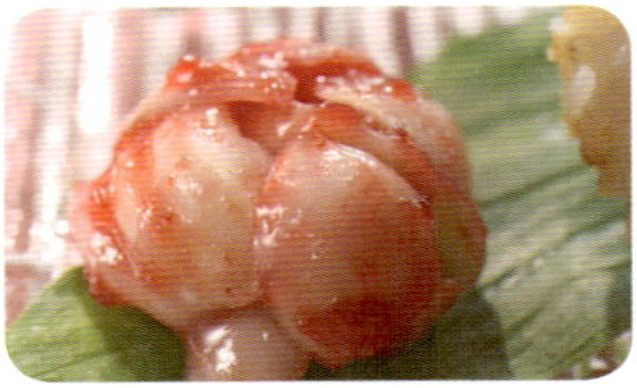

梅肉をウバユリに和え、赤と白のコントラストを味わう。

梅干しに衣をつけて、丸々揚げた梅干しの天ぷら。

つやつやと輝き、甘酸っぱさが際立つ梅の甘露煮。

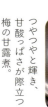

梅尽くし膳でもてなしたのは、りかさん（表具屋の丸山さんの娘さん）とご主人のエリックさん。

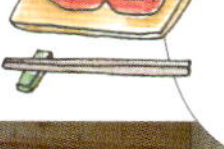

塩分が多くなりすぎないように……

梅ばっかりでいろんな味が出せるかな？

夏の山菜採り

お寺の庭は大切な〝食料庫〟

料理の合間にも、サッと山菜を摘みに出るご住職。山へ行かなくても、本堂の裏や、境内の敷地に、食べられる植物がたくさんあるのだとか。「これは……」「あれも……」と次々と説明してくれるご住職も、もともと山菜に詳しかったわけではなかったといいます。このお寺に来てから本や図鑑でずいぶんと勉強したのだとか。

お寺の多彩な料理の陰には、〝あるもので工夫する〟弛まぬ努力がありました。

〝どこにでもある草〟オオバコもじつは食べられる。茹でてごま和えにしたり、咳止めの薬にもなる。

ミズブキは、葉はごま和えに、くきもすっておいしくいただける。

これはキンミズヒキ

これもいつか食べようと思ってるんだけど、抜くひまがなくて

おいしいものは、競争です
あ、大変鹿に食べられてる

ヤブカンゾウのつぼみ。花も根っこも、重宝する食材。

山菜採り

万葉ハーブ　ヤブカンゾウ

つぼみのまま
いただけば、
また別の味わい。

お寺で年中、重宝しているというヤブカンゾウ。漢字では藪萱草と書き、忘れ草とも呼ばれる。古くから和歌にも多く詠まれてきた多年草で、身につけると憂いを忘れるおまじないになるとされ、万葉集でも、恋の悩みやふるさとへの未練を忘れさせてくれると詠われている。

若芽やつぼみ、花は
食用に。
根っこは乾燥させて
生薬に。
人々にずっと
寄り添ってきた
万葉ハーブ。

八重咲きで直径8センチ
にもなる大きな花を
咲かせる多年草。
開花は夏のわずか1日。

ヤブカンゾウで3品

自然のおいしさを存分に引き出す

食材を持ち帰ると、さっそく献立会議。今日は本堂の裏で採ったヤブカンゾウのおいしい食べ方について話し合います。摘みたてはそのままでもおいしい、というつぼみ。

「そのままどうぞっていうのはどう?」

今日も新しい味わいが生まれるようです。

生のつぼみ、おいしい!

ぜんぜん青臭くない!

こんなにきれいなつぼみ、色を生かさなきゃ

茹でたらいっそう色鮮やかに!

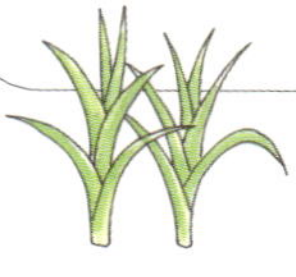

つぼみと花は、
茹でて水気をしぼり、
甘酢和えに。
茹でると、ますます
色鮮やかになる。

もぎたての
生のつぼみに、
豆腐で作った
白和えの餡を
添える。

1日限りの
花にうっすらと
衣をまとわせて天ぷらに。
美しさと風味を
閉じ込めた。

里からの贈りもの

夏

今日もお寺には、〝里からの贈りもの〟が届きます。
荷物用モノレールに載せて運ばれてきたのは、
色とりどりの夏野菜。
野菜を届けてくれたのは、
隣町の大宇陀に畑をもつ松本さん。
もう何年も、観音様へのお供えとして
野菜を届けてくださる、ありがたい定期便です。

松本さんは、ご住職の依頼を受けて、初めての野菜の栽培に挑戦することもあり、いまではお寺専用の畑をつくってしまったのだとか。

「できたときの喜びを分かち合えればなと思ってやってます」と松本さん。

夏野菜も、保存がむずかしい山ほどのシソの葉1枚まで無駄にせず使い切ります。

お寺の隣町に
畑をもつ
松本 啓さん

コールラビに
とうもろこし、
にんじん、ナス、
大根、キャベツ、
青ジソに
赤ジソ……。

2人は同い年の
仲良し。
いただいた野菜で
作った料理を
一緒に味わうのも、
恒例のお楽しみ。

夏の夕餉《ゆうげ》

季節の訪れを知らせる野菜の滋味

松本さんからいただいた夏野菜に、摘みたてのヤブカンゾウ。〝里からの贈りもの〟と、〝山の恵み〟で季節感たっぷりのお膳ができました。今日のおやきは、皮に刻んだ青ジソを練りこんだ試作品。調理中に思いついて、さっそくやってみたのだとか。どうやら成功のようです。

おいしいねえ！
青ジソ入れてみた

いろいろ思いついて試してみるんだけど、「ダメだった〜」ってこともあるの。

シソで赤く染めた大根のぬか漬け。

じゃがいもに青ジソをまぶして磯辺揚げ風に。

夏の訪れを知らせる、ナスと長唐辛子の煮物。

じっくり焼き上げた青ジソ入りのおやき。

青ジソ入りのおやき

材料（4人分）

- 薄力粉……200g
- 水……140㎖
- 青ジソ……たっぷり
- すぐきの炒め煮……適量

作り方

青ジソを細かく刻む。

薄力粉、水を混ぜ合わせた生地に①を加え、混ぜる。

②にすぐきの炒め煮を包んで成形する。油適量（分量外）をひき、こんがりするまで両面を焼く。

シソを味わう

鮮やかな色彩と風味を生かす和製ハーブ

山のようにいただいたシソは、しおれないうちに加工します。赤ジソは、シソジュースに。さわやかな香りと酸味、色鮮やかな輝きは、客人をもてなすお寺の夏の定番です。疲労回復効果があり、夏バテ対策に抜群だとか。

青ジソは、刻んだり、干したりして保存します。

赤ジソのジュースを作る

大きな鍋に湯を沸かし、赤ジソを入れる。砂糖と五倍酢（クエン酸でも）を加えれば、シソジュースの出来上がり。

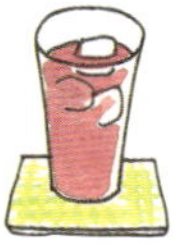

青ジソの活用法

トン
トントン
トントン…

青ジソは、水に浸してからギュッとしぼり、細かく刻む。

薬味に使ったり、味噌と合わせて隠し味に使ったり。刻んだまま冷凍保存もできる。

生で使いきれない青ジソは、干して保存。漬物に加えたり、塩を加えておにぎりの具にすると、おいしい！

展望台を作る

訪れる人のため 続いていく 道作り

ぐんぐんと緑が伸びる夏、山道には小まめな草刈りが必要です。

お寺への坂道も、展望台へと続く木の階段も、ご住職が里の人たちの手を借り、一緒に作ったもの。

今日も階段の杭をチェックしながら展望台へ。

伸びた草を刈りながら、「2年もすると、どこか傷んでくるから、自分たちの手ですこしずつ整備しながら、作り続けてるんですよ」といつもの涼しい顔で教えてくれました。

草を刈る鎌を持って

ご住職が
「みんなに見せたい」
という景色。
眼下には、
1300年前に栄えた
都の跡や
大和三山が広がる。

階段が
崩れてないか
見ながら
登るの

草も
たくさん
伸びてるわ

細やかな仕事で人々に寄り添う

慈瞳《じとう》さんこと副住職・佐々木慈瞳さん

とにかく手先が器用で、新しい工夫が大好き。料理では食材を細かく刻むことが大得意。なんでも細かく刻み、とことんすり潰す。そのこだわりが、丁寧な味を生む秘訣……とか。お寺の恒例「お葉つき銀杏まつり」では、参拝の人をもてなすため、皿回しをしたり、バイオリンの演奏を披露したことも。副住職を務める傍ら、地元のスクールカウンセラーをしたり、病院で患者さんの心のケアに取り組んだり、お寺の仕事を外に広げている。

得度するずっと前、
大学生のころから
お寺に通い、
「お寺に親しむのと
同じように里の人とも
仲良くなっていった」そう。
いまでも里に下りれば
老若男女に
話しかけられる。

手先の器用さは折紙にも。
カウンセリングを受けにくる
子どもたちのために
折り始め、いまでは
どんなものでも
見ただけで
折れるほどの腕前。

ご住職の庭

夏

初夏、6月の庭。
葉っぱが青々と伸び、色鮮やかな緑一色。
ご住職の庭では、フウロソウ、
日扇、ホタルブクロ、クガイソウ、ユウスゲ、
笹ユリ、ツリガネソウ、ツユクサ、
下野草などがこれから花をつける。

ミニひまわり

ある年、たまたま
空いていた鉢に、
いただいた種を
まいたのが始まり。
以来、自然に種が
落ちては発芽し、
花をつける。
夏には太陽の光を
さんさんと浴びて満開になる。

夏椿

ご住職が
「どうしてもほしくて」と
買い求めたのが入寺した翌年。
里の花屋さんで
1メートル50センチほどの木を買い、
お寺までの山道を
かついで運んだ思い出深いもの。
6月に入る頃、
茶室の庭で花をつける。

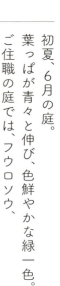

どれを
抜いていいかは、
ご住職に
聞かないとわからない。
雑草だと思ったら、
大切にしている
お花ということも。

夏のプランター

夏に色とりどりの花をつける、プランターの寄せ植え。ブルーサルビア、マリーゴールド、ベゴニア。花の形・色の取り合わせにもご住職のセンスが光る。緑ゆたかな生活環境づくりを目指した、地域の「花いっぱい運動」の一環として植えたもの。

ハスの花

境内のテラス脇に植えたハスは、15年ほど前、潤子さんと、ご住職の知り合いのお寺から譲り受けたもの。今年は花好き仲間の松田さんと生育を促すため、植え替えをした。7月の中頃から8月の中頃まで花をつける。

やまと尼寺への道案内

いざ出発!

スタート!

↑杖もあります

1キロか、たいしたことないな

お寺があるのは、奈良県、音羽山の中腹。

桜井市街から談山神社へ向かって県道37号線を南に進むと、音羽山観音寺の看板が見えてくる。音羽橋を渡って脇道へ入ると、お寺に参拝する人のために置かれた杖が現れる。ここから、観音寺への険しい道のりがスタート。

急な坂道を、40分かけて登る。杉木立に囲まれているので、夏でも少しひんやりする。湧き水の流れがあり、カエルの鳴き声が聞こえることも。

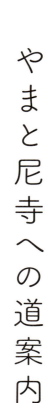

なんだこの急な坂はあー、杖がほしい！

はあはあずいぶん登ってきたな

足が上がらない！これが最後の階段かな？

標高約600メートル！

ゴール！

やっと着いた！

道中、お寺ののぼりや、108メートルごとに道のりを示す丁石が参拝者を導いてくれる。足元は、コンクリートで舗装されているので、勾配を別にすれば、比較的歩きやすい。

無常橋という明治期に架けられた橋を渡ると、石段が見えてくる。

石段の途中、左手には美しい苔庭が。登りきると本堂。お寺の3人をモデルにした人形が出迎えてくれる。

ここが音羽山観音寺だ。

秋

いっぺんに
きれいになったなぁ
陽が当たるところが
とくにすばらしい

制作班の便り

番組ディレクター
戸田裕美子

収穫の秋は大忙し

秋はとりわけ好きな季節です。澄んだ青い空や涼しい風……そして何よりゴハンがおいしい！　きのこ、サンマ、梨、栗、かぼちゃ……。
秋のお寺にも、さぞおいしいものがあるに違いない！　と今日もせっせと山道を登ると、辺り一面ギンナンが！　本堂前には、樹齢600年にもなるいちょうの大木があり、9月から11月にかけて、ギンナンの実を大量に落としてくれるのだそう。
その日の収穫は、なんと2箱分にもなりました。

恥ずかしながら私は、スーパーで売っているギンナンしか見たことがなく、木から落ちたばかりのこのギンナンが、果たしてどうやってスーパーの状態になるのか、まったく見当がつきません。

そこで、ご住職指導のもと、その工程を体験させてもらうことに。じつに地味な作業の末、いよいよ薄皮をむくと……なんとも鮮やかな緑色！

モッチモチで、ほんのり甘く、本当においしい！

さらに驚いたのが、ギンナン料理のバリエーションの多さです。ギンナンといえば、茶わん蒸しの下の方に申し訳なさそうに沈んでいる、というイメージで、正直、あまり好きではありませんでした。

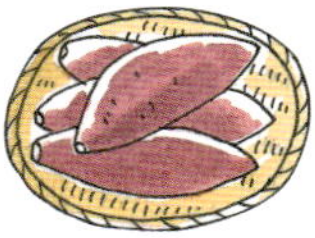

でもご住職たちは、ご飯と一緒に炊き上げたり、すって白和えに加えたり、かぼちゃ団子の上にあしらったり……と、ギンナンを見事に変身させていきます。

これを見て私は、お寺の生活について、自分がちょっと勘違いしていたことに気づきました。「渋谷で暮らす私たちの生活は、お金を出せば何でも買えてしまう。一方、お寺の生活は、お金を使わない分、あるものを〝食べるしかない〟」といった具合に、現代社会の対極として、お寺の生活を捉えていました。でも、これでもか！　と一粒も残さずギンナンを拾い集め、これでもか！　と次々に目新しい料理を生みだしていくご住職たちの姿には、「食べるしかない」という悲壮感は皆無です。むしろ「あるものを楽しみ尽くす」貪欲さに満ちていて、見ている私までワクワクしてきました。

食材集めでも料理でも、ご住職たちは「仕方なく」やっているのではなく、「楽しい」からやっているだけなのだと気づきました。

ご住職の境地に辿り着くには、やっぱり私なんてまだまだだぁ、と思い知った32歳、秋でした。

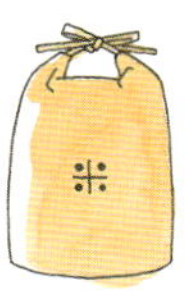

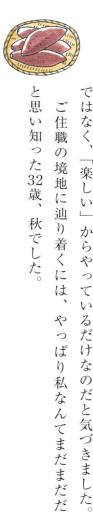

ギンナン拾い

お寺に欠かせない秋の風物詩

いちょうの葉が色づくころ、お寺の境内にはたくさんのギンナンが落ちます。においは強烈ですが、これも〝山の恵み〟。拾い集めて実を取りだすと、立派な食材に様変わりします。

毎日山のように落ちてくるギンナンを、拾って、洗って、干す。とても大変ですが、「やらないと物たりない」とご住職は言います。

旬のおいしさを味わうためには欠かせない、お寺の秋の日課なのです。

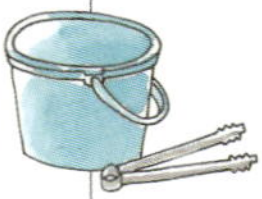

樹齢600年、目通り直径4・8メートルを誇るお寺のいちょうの木。

今年も拾ってます
大変とわかっていてもあのおいしさにはかえられない！

お葉付きいちょう（県指定天然記念物）

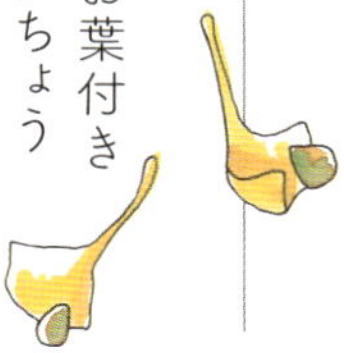

お寺のいちょうは、「お葉付きいちょう」と呼ばれるとても珍しいもの。まれに、いちょうの葉にギンナンの実が付いたものが見られる。お寺ではこの実を音羽山の水で清め、「眼病のお守り」として、参拝者におすそ分けしている。

拾いに来る人もいるし、タヌキも……その前に拾わなくちゃ！

ギンナンの下処理

むいて 洗って 干して むいての 大仕事

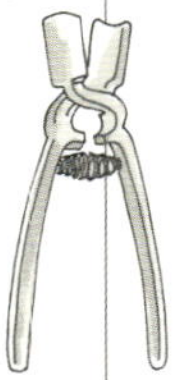

ギンナンを拾い集めたあとには、下処理が待っています。まずは外側のやわらかい皮を手作業でむくところからスタート。作業量はおよそ2箱。二人でも、1日がかりという手間のかかる仕事です。この作業も、今日でこの秋7回目。自然の恵みをしっかり受け取っています。

採れたてのギンナンはこんなに色鮮やか!

音羽流下処理

グルングルン
グルングルン
グルン……

助かるわぁ

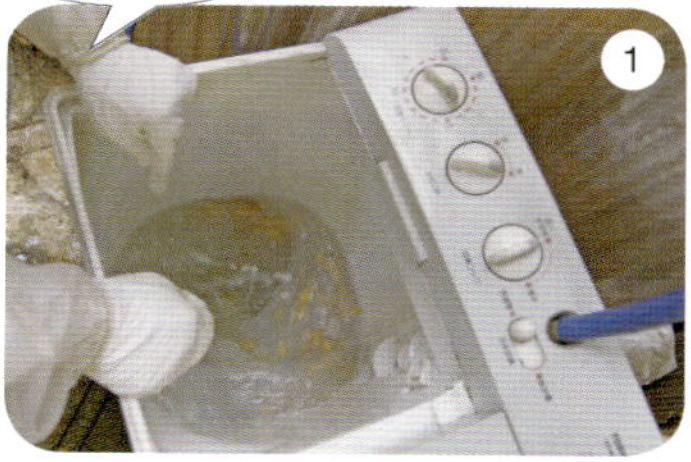

手作業で外側の皮をむいたら、どさっと洗濯機に。使えるものは使って効率よく。

風通しのよい縁側に広げて天日干しに。日当たりのよい時間を選んで、3日ほど。

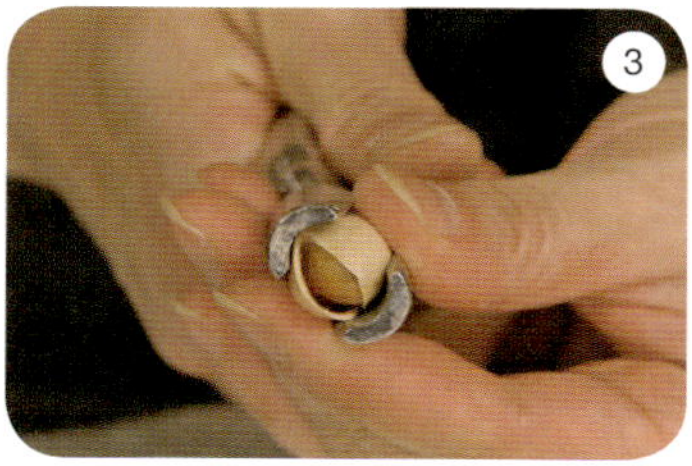

干したギンナンの鬼皮を、今度はひとつひとつ専用の道具で割る。

薄皮だけの状態になったら、ホットプレートで加熱。手の平で転がして薄皮をむく。

つるっとむけます

噛めば噛むほど甘い！

ギンナンの白和え

美しい緑色をコントラストでより鮮やかに

お寺の秋の定番、ギンナン料理。すり鉢で当たったギンナンを豆腐と和えて、さらにギンナンを添えました。柿の実をくりぬいた器に入れたら、ますます色鮮やかに。

秋の食材たちが、美しい料理に変身しました。豆腐がギンナンの甘味を引き立てます。

採れたてのギンナンをふんだんに。

このきれいな緑、どう生かす？

柿の器の下には、柿の葉を敷いて。長芋の梅肉がけと生麩も添えて美しく。

材料（4人分）

ギンナン……30個
豆腐（堅もめん。水気を拭いておく）……半丁
飾り用ギンナン（薄く切る）……適量
柿（あれば）……適量

大根なます
（大根300g、にんじん50gを塩もみして水気をしぼり、酢大さじ4、砂糖大さじ2で調味する。）

作り方

トントン
トントン
トン……
1

白和えの衣にするギンナンはすりやすいように刻む。

2
いい香り！
モチモチ
してる

刻んだギンナンをすり鉢で当たる。

3

ギンナンの粒々をすこし残して、豆腐を加える。

4

大根なますを加える。

5

旬の柿もすこし大きめに切って加えると、よりうま味が増す。

ギンナン尽くし膳

秋の収穫が詰まった11月のお膳

色とりどりの野菜がさわやかな二の膳。

脇役だと思われることも多いギンナンも、お寺では立派な主役。炊いたり、揚げたり、ご飯と炊き込んだり。特有の食感と香りを存分に生かした料理に仕立てられていきます。この豊富なレパートリーも、ご住職たちによる「美味」の追求のなせる業です。

揚げて

かぼちゃに紫いも、ギンナンとむかごの天ぷら。

朱の器に
秋の色が映える
本膳。

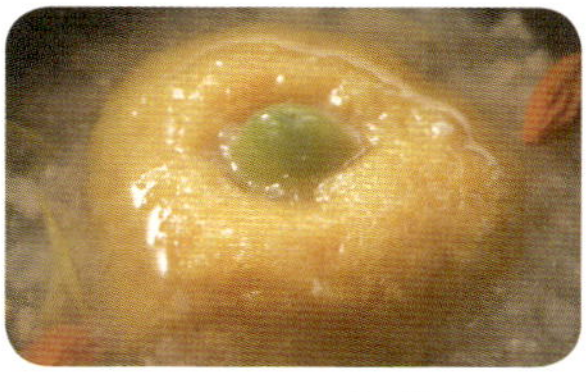

アクセントに

かぼちゃ団子の
上に、
ギンナンを
のせて。

ご飯と
炊き込んで

古代米に
ギンナン、むかごを
合わせて
炊き上げた、
風味ゆたかな
ご飯。

野菜と
炊いて

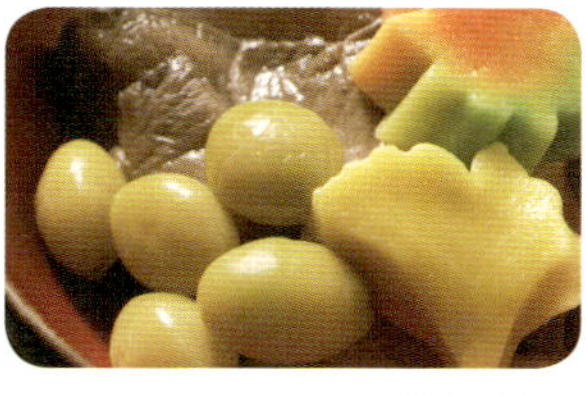

境内で採れた
ヒラタケと
ギンナンを、
旬の野菜と
一緒に。

いもぼた

里から教わり つないでいく 伝統の味

里芋とお米を一緒に炊いて潰し、それにあんこをまぶして食べる〝いもぼた〟。里芋と小豆の収穫に感謝して作る、この地域の郷土料理です。「去年いただいておいしかったから」と、今日は潤子さんに作り方を教えてもらうことになりました。地域の人から教わることも、〝里からの贈りもの〟。

こうして、お寺の料理のレパートリーはますます増えていきます。

ごちそうやん
小さいころこれが楽しみでね

里芋、お米、小豆。収穫ほやほやの材料ばかりで作るのだとか。

材料（4人分）

- 里芋……15個
- 米……3合
- 梅干し……2個
- あんこ
  （小豆450gを砂糖500g、塩少々でゆるめに煮る）

トン
トントン
トントン…

作り方

里芋は皮をむき、適当な大きさに切る。かるく茹でておく。

米を鍋に入れて通常の水加減にし①、梅干しを加えて炊く。炊き上がったら、梅干しを取り出しすりこぎなどで潰す。

餅状になったら、手の平で転がして団子にする。

あんこを全体にまぶす。

持ちつ持たれつで支え合う

潤子さんとご住職

江戸時代から、先祖代々お寺のふもとで暮らす堂上潤子さん。ご住職とのお付き合いは、もう30年近くになるのだそうです。ご住職が音羽山観音寺に入った平成元年からずっと親しくしてきた間柄で、日頃からお寺にお参りをしては、なにかと手助けをしてくれるお寺の〝応援団〟。

「ほんまこんな田舎の山奥のお寺へよう来てくれはったなと思って。初めは、この山奥で一人やったから、ずっといてくれるかどうか、半信半疑やったよ。真っ暗やし、男の人でも、ここで一人はかなわんって言ってはったもん。それでもいてくれはったから、村の人はみんな本当に喜んだんよ」

じつは、ご住職がやってきた30年前、お寺は荒れ放題だったといいます。それをすこしずつ、村の人や信者さんの協力を得ながら直してきました。

「いろんなことがあったけど、常に守られていると思ってきた」と言うご住職。

村のみんなの気持ちが、ご住職とお寺を支えてきたのです。

私は
ふもとの
検問所

里芋もらいに
来たよー
いつも
ありがとうねー
あんこ
持って
きましたよー
はーい

観音様の縁日

お寺の恵みをみんなで分かち合う

音羽山観音寺には、毎月17日、全国から信者さんが訪れます。月に一度の観音様の縁日です。登ってきた人々の表情は、みんな晴れやか。急勾配を越えた先にある、標高600メートルのお寺には、いくつもの効能があるようです。

お勤めを終えると、並んで卓を囲み、ご住職の心のこもった料理をいただきます。

「楽しいねぇ。お供えされたものをみんなで食べるのは」。分かち合う喜びに満ちた時間です。

潤子さんから教わったいもぼたと即席のパパイヤサラダ。

音羽山観音寺のご本尊

眼病にご霊験、ご利益があるという千手千眼十一面観世音菩薩。〝音羽の観音さん〟として長く親しまれ、平成6年に大修理が発願されたあと、2年かけていまのお姿になったという。修理の際には、頸部から京都・清水寺との関連を示す墨書きが発見されるなど、歴史ある観音様でもある。

おいしいね
いただいたお供えで作ってみたの

汗だくです

パパイヤサラダ

"音羽パクチー"を添えて初挑戦のタイ風サラダ

これなに？
ありがとう！

縁日の食卓に加わった「パパイヤサラダ」。お参りに来た信者さんからお供えされたパパイヤで、急遽作った一品です。珍しい食材でも、ささっと料理してしまうのが、お寺の3人のすごいところ。今回の発案者はまっちゃん。イメージを伝えると、ご住職も慈瞳さんもすっと理解して作業は進みます。パクチーがなくても庭の"音羽パクチー"三つ葉で補い、初挑戦のタイ風サラダが完成しました。

材料

- 青パパイヤ……1個
- 三つ葉（パクチーでも）…適量
- ピーナッツ……大さじ5
- ※ナンプラー……大さじ2・5
- ※レモン汁……大さじ2
- ※砂糖……大さじ2
- ※スイートチリソース…大さじ1
- 赤唐辛子……適量

サラダにしたらどう？
タイの……レモンとかピーナッツが入ってる。で、ちょっと辛いの

薄く切ればいい？

私はピーナッツ叩くわ

作り方

① パパイヤを千切りにする。

② ピーナッツを潰して※を混ぜる。

③ 千切りにしたパパイヤを②と和え、叩いてなじませる。

④ アクセントに三つ葉を入れて。パクチーでもよい。

ドンドンドンドンドン……

冬を迎える準備

寒さを楽しむための冬支度

冬の気配を感じたら、ストーブの手入れをしておきます。寒さ厳しい山寺の冬。それでも、精力的に仕事をするご住職たちを支えるのが、この薪ストーブです。その暖かさは段違いなのだとか。

煙突の掃除はなかなかの重労働。

手入れを終えると、「冬になったらあれをして、これをして……」とうれしそうに数え上げるご住職とまっちゃん。

薪ストーブで焼くお芋も格別です。

「冬になったらストーブでピザを焼こう！」
「それもいいねえ」

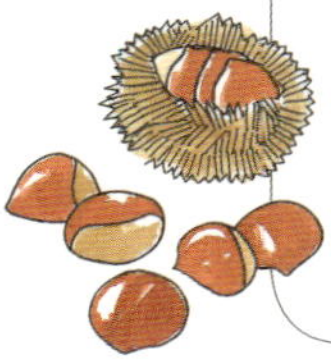

パカン
パカン

さっそくストーブに当たって
おやつの時間。
ストーブは
冬の料理にも大活躍。

薪は
夏のうちから
貯蔵し、
冬に備える。

よいしょ！

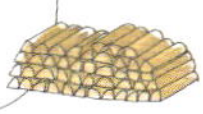

暖かさの
ためには
少々の
苦労は当然

下で煤
拾ってね

笑顔と体力でお寺を支える

お手伝いの まっちゃん

レンコンの茹で加減、気をつけな

数年前、慈瞳さんにお祭りの手伝いに誘われ、そこからお寺に関わるように。初めは週に数日の滞在だったのが、いまではすっかりお寺の住人。ご住職や慈瞳さんのもと、〝お寺の仕事〟を教わりながら、日々忙しく動き回る働き者。

〝よく笑い、よく食べる食いしん坊〟はお寺の3人の共通項。潤子さんに〝3人家族〟と言わせるほどご住職、慈瞳さんとの息もぴったり。ご住職直伝の料理もすこしずつ任されるようになってきた。

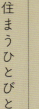

趣味
であり
仕事です

〝庵主さんの
手づくり瓶詰〟の
ラベルや、精進料理の
献立表を彩るのは
まっちゃんのイラスト。
消しゴムハンコも
プロ並みの腕前。
お寺にはまっちゃんの
かわいい絵が
あふれている。

山歩き
気持ちいい
ですよ

お寺の番犬、オサムの
散歩はまっちゃんの仕事。
そのほか薪割り、
風呂焚きなどの力仕事も
次々とこなし、
奈良漬けの樽も軽々と
持ち上げてしまう力持ち。

ご住職の庭

秋

庭には、秋の七草が揃う。
なでしこは育て始めてもう30年。
萩、すすきは信者さんから、
くずは裏山から伸びてきたものに手をかけて。
お月見には七草を生け、
その美しさを愛でる。

お花はつねに
話しかけてくれるのよね。
「お水ちょうだい」と
言ってくる。
手をかければ
かけた分だけ、
きれいな花を
咲かせてくれるのよ。

猫もくつろぐ

手前の白い猫はチロ、
後ろはスージー（いずれもオス）。
庭のテラスは猫たちにとっても
お気に入りの場所。
ご住職たちが
庭仕事をしていると
草をもらいにくるのだそう。
2匹の猫は大宇陀の
松本さんから譲り受けた親子。

ウイキョウ

フェンネルとも呼ばれるハーブで、8月頃から小さな傘状の花をたくさんつける。ご住職が好きで買い求め、20年ほどになる。お寺では、番組で紹介した「庭の草ドレッシング」のほか、天ぷら、サラダ、炒め物などにして食べる。

お花の手入れ

ラジオ体操や、山菜摘みなどで外へ出るとまずプランターに目がいくのだそう。その都度、必要に応じて雑草をとったり、水やりをしたり。肥料やりも定期的に。お花の手入れと外に出ることは一連の動作として習慣化されている。

赤ジソ

お寺の梅干し漬けに欠かせない重要なハーブ。たくさん収穫できる時期にはシソジュースにもする。前年の種が落ちたものが毎年自然に生えてくるので、必要に応じて植え直したりしながら育てている。

冬

寒いときは
野菜も甘くなるし
桜も寒さがあって
花が咲くんよね

冬ごもりの楽しみ

制作班の便り
番組ディレクター
戸田裕美子

真冬の撮影。正直、行きたくない……。なにせあの山道です。道が凍れば、里に下りた慈瞳さんも帰寺を諦める、といいます。登れたとしても、標高600メートルの観音寺は、里より5度ほど気温が低く、時には雪が40センチほど積もることも……。寒さに凍える我々の、ひ弱な姿が目に浮かびます。

でも、行かないわけにはいきません！　3人の冬の暮らしが気になるからです！

撮影用の車両は、スタッドレスタイヤにさらにチェーンを巻き巻き。登山靴に装着する滑り止め用イボイボを、スタッフ全員分購入。対策は万全です。いざ、観音寺へ。

撮影に出かける前、冬の回は「白」をイメージしていました。例えば、雪やお餅や寒麹……きっと「白」に似合う、穏やかでしんみりした生活を送っていらっしゃるはず。だってこんなに寒いんだもの。ところがところが、私の予想はあっという間に裏切られ、お寺の3人は今日も大爆笑。

それに、冬の生活は1年分のカラフルに彩られていました。

薪ストーブで焼く自慢のピザには、夏のじゃこピーマン、秋のし

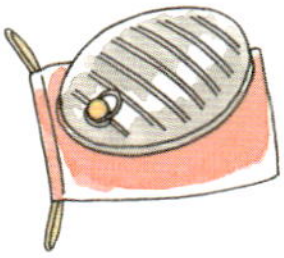

めじ、冬のお餅……などなどが、所狭しとのっかります。そこにさらに、手作りのクリームチーズがトロ～リ。

和洋折衷、新旧融合の〝四季のオールスターピザ〟です。ちょっとカオスですが、大丈夫。おいしければ、なんでもよいのです。

ピザ作りは、薪ストーブを焚く冬だからこその楽しみなんだとか。確かに、この立地では宅配ピザの出前は困難。ここでは、ピザですら季節の食べ物なんですね。そして、同じく寒さあっての〝寒麹〟は、いまや私の必需品です。

3人が縁側で、じんわり寒麹を仕込む姿に心を打たれ、ぜひこの寒麹を生活に取り入れなければ！　と思った私は、ご住職のレシピをすかさずメモ。お寺の寒麹はまろやかで優しくて、鶏肉につけてお鍋に入れたり、白身魚につけて白菜と蒸したり……。

料理というよりは、ご住職の作った寒麹を「使って」いるだけですが、きちんと生きる、という目標に、ちょっとだけ近づけたような……。ありがとう、寒麹。

冬でも楽しい観音寺。普段なら避けようとするこの〝寒さ〟こそが、大切な〝山の恵み〟なのだと気がつきました。

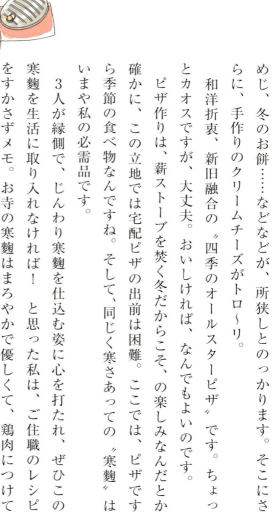

ねこ餅

色と工夫を楽しむ冬限定の餅

新しい年を無事に迎えた1月。この時期お寺には色鮮やかな餅が登場します。猫の背中のような丸みがあることから、〝ねこ餅〟と呼ばれる棒状の餅。お正月にたくさんお供えされた鏡餅に、具材を加えてもう一度つき直す、音羽山観音寺の冬の風物詩です。

その味わいは、コーヒーを加えたものから、ウコンと昆布を合わせた〝ウコンブ〟まで！「なんでも挑戦」の音羽流ラインナップです。

鏡餅は里の人たちから。かびないうちにあの手この手で味わう。

作り方

1

具材は自由に。コーヒーにウコン、昆布、紫いも、ヨモギ。

餅を適当な大きさに切り、具材を入れてつき直す。餅の乾燥が進んでいる場合はすこし水をふる。

箱に仕切りを入れて、棒状に成形する。

アイデアたっぷりの具材で色彩ゆたかなねこ餅の出来上がり。

食べやすい大きさに切り、こんがり焼いて、おいしくいただきます。

ピザ

冬にフル稼働する薪ストーブ。その役割は暖を取るだけではありません。やかんを掛けたり、餅を焼いたり……。

今日はピザを焼きました。具材は、コーンに干しトマトに干しかぼちゃ、シイタケの煮物、じゃこピーマンにお餅まで。上にのせたチーズは〝里からの贈りもの〟の牛乳で作ったお寺の自家製。たっぷりの保存食で、なんとも豪華。

マオトくんにも、「おいしい!」と好評です。

冬だけのあったかいおもてなし

作り方

ピザ生地にトマトケチャップを塗り、具材をたっぷりと。

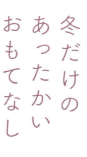

牛乳から作ったクリームチーズと薄く切った餅をトッピング。

ストーブにのせて、じっくり焼く。

ウエさんと孫のマオトくん

週に2回、牛乳パックを6本背負って登ってきてくれる

干し野菜・干し果物作り

空気が乾燥する季節の夜なべ仕事

干すと甘みも出るし、おいしいの

冬の大切な仕事のひとつが、この保存食作りです。たくさんいただく食材や、収穫しても食べきれない食材を、無駄にしないための手仕事。乾燥にムラが出ないように、また、調理するときにも火が均等に通るように、同じ大きさに切り、ひとつずつ並べます。

野菜を干すにはまず刻まないといけないし、どっさりあるから忙しい。いつも夜なべだけど腐らせて捨てるのはいやだから。

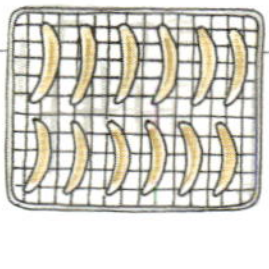

ストーブの近くだとよく乾くの

乾いてきたらこんどはひとつずつ裏返します

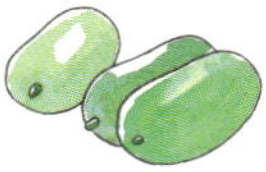

野菜のいいにおい！

乾燥食材のストックには、えのきまで。

キウイは干しても色鮮やか。

山仕事に欠かせない、乾燥バナナ。リュックに入れても潰れて水分が出ることがなく、ゴミになる皮もなくて、腹持ちもいい。

千切り大根の煮物

干し野菜だけで作る一品

町に買い物に行かなくても、山へ山菜を摘みに行かなくても、ささっと一品できてしまう、お寺の底力。たくさんの食材を乾燥ストックしているおかげです。

保存がきくだけでなく、ぬるま湯でさっと戻せば、包丁もまな板も使わずにすぐに調理できるのも、干し野菜の魅力。

戻し汁は、凝縮されたうま味が溶け出した、おいしいだしにもなるおまけつきです。

今日のお昼は……干し野菜の煮物にしよ!

うま味たっぷりの干し野菜は歯ごたえもしっかり。

種類豊富な
乾燥食材から
献立を考える。

材料（4人分）

酒……大さじ1
砂糖……大さじ1
しょうゆ……大さじ1

みりん……大さじ2
干した大根……ひとつかみ
干したにんじん、シイタケ……ひとつまみ

作り方

1 干し野菜は10分ほどぬるま湯につけて戻す。

2 戻したシイタケは、5ミリ幅に切る。

トントントントントン……

3 戻した野菜にシイタケとにんじんの戻し汁を加え、やわらかくなるまで中火で煮る。

4 酒、砂糖、しょうゆ、みりんで味付けし、落としぶたをして弱火にかける。

5 10～15分ほどで出来上がり。

寒麹の仕込み

寒さがもたらす熟成とうま味

麹と塩と水を混ぜ、発酵・熟成させる「塩麹」に対して、水を加えず、餅米と砂糖を加えて作るのが「寒麹」。

冬の寒さを利用して、ゆっくりじっくりうま味を熟成させる日本の伝統調味料です。仕込んだら、3か月は毎日混ぜて熟成を促します。使えるようになるのは、半年以上たってから。

「何にしてもおいしい。白菜の浅漬けなんてほんとに」とみんなが口を揃える定番の調味料です。

数あるお寺の自家製調味料のひとつ。加えるだけでうま味が引き立つ。

材料

餅米	3合
砂糖	660g
塩	500g
麹	200g

寒いから
できるという
仕事が多い

本当ですね
野菜も甘くなるし、桜も冬の寒さがあるから花が咲く
冬のよさ……

猫がひざに乗る！
グルリ
グルリ
グルリ……

作り方

1 炊き上がった餅米をかめに入れる。

2 熱々のうちに砂糖と塩を加える。

※砂糖と塩は熱いうちに混ぜないと溶けない。

3 冷めてトロッとしてくるまでしっかりかき混ぜる。

4 麹を加えてさらに混ぜる。最低3か月、毎日混ぜる。

生きることが仕事

慈瞳さんとの出会いによって、お寺の手伝いをするようになった、まっちゃん。

冬ごもりのある日、手を動かしながらお寺の魅力について語ってくれました。


――ここにいると、あれを使ってどうしようとか、こうしようとか、いろいろ考える。あるもので工夫する。

自分の小さいころを思い出すと、何もないからおもちゃも自分で作ったり、お父さんが作ってくれたりしたなって。

いまはなんでも簡単に手に入るから、町の暮らしからはそういうことがなくなっちゃったんだなって。

何もかも用意されてた町の生活が本当に便利なのか、よくわからなくなった。

ここには、考えて工夫して自分の手で作るっていうことがある。

生きるために暮らす生活というか。生きているって感じがする。

まだまだ知らないことがいっぱいある。

それがすごく楽しい。

お寺に帰らな
ムズムズします

生きるのが仕事ですね。
今日も一日
生きられました。
晩御飯おいしいもん、
一日よく働いたから。

寒麹の楽しみ

料理のうま味が増す発酵調味料

ご住職が「すぐに食べられて便利」と言う寒麹。お寺の信者さんから教わって作り始め、いまでは欠かせない調味料になりました。肉や魚、野菜に塗ったり、漬け込んだりするとうま味が増すのだそう。その活用法を紹介します。

鍋

グツグツ
グツグツ
グツ……

去年仕込んで、トロトロになった飴色の寒麹を豆腐に塗って、一晩寝かせてよく染み込ませ、鍋の具材に。豆腐のまろやかさは増して、鍋のお汁もおいしくなります。干し野菜の戻し汁も加えて、より味わい深く。

白菜の寒麹漬け

割れちゃってもいいよ 全部食べちゃうし
そうですね

「野菜は何を漬けてもおいしい」という寒麹で作る、白菜の浅漬け。
昆布とにんじんを加えれば、だしもきいて、色味も美しくなります。すぐに食べられるよう、材料はどれも小さめに切って。よく揉んで、白菜がすこししんなりしてきたら食べごろ。
寒麹で漬けた野菜は何日かおいても色がきれいなままなのだとか。

作り方

1 白菜とにんじんはざく切りにする。

2 昆布は細かく切る。

3 ①、②と寒麹大さじ1をポリ袋に入れる。

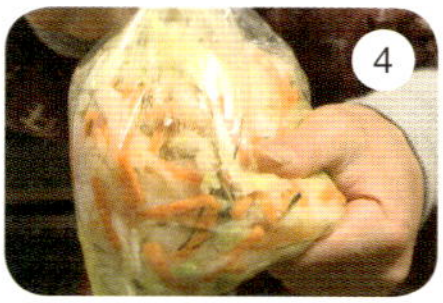

4 よく揉んでなじませる。すぐに食べても、何日かおいてもおいしい。

節分

福を呼び込み穏やかな毎日を願う行事

今日は節分。冬から春へ、季節の変わり目に生じる邪気をはらうため、ヒイラギとイワシを飾り、豆まきをします。
でも、型通りではないのが音羽山観音寺の魅力。無理なく、心地よい塩梅で日々を過ごす秘訣は、こういうところにあるのでしょう。

ここではいつも、「福は内」だけ。いつも拝んでるから、鬼はいないの。

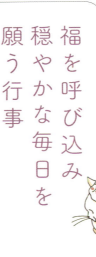

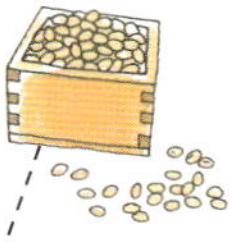

外へは威勢よくまきます

家の中には豆をまかず、要所要所に〝お供え〟。「豆をまいちゃうと、あとで片付けるのが大変でしょう?」とご住職。

イワシは布製の手作り。これなら、イワシのにおいに悩まされることもない。

クルミ入りのり巻き

クルミを加えて香ばしさと食感を味わう

節分の日の食事は、関西では古くから定番の巻き寿司です。切らずにかぶりつき、その年の恵方《えほう》、神の来臨する方角を向いて食べるとよいとされています。

のり巻きの具材は、奈良漬け、かんぴょう、春菊のおひたし、錦糸卵、でんぶ、干しシイタケの煮物に、初挑戦のクルミの甘辛煮。具だくさんで、彩りゆたか。

今日はおしゃべりしないでいただきましょう。

クルミの甘辛煮

材料

クルミ……適量
しょうゆ……少々
酒……少々
砂糖……大さじ4
みりん……少々

作り方／中火であくを取りながら、浸るぐらいの水でクルミを煮る。煮立ってきたら、しょうゆと酒を加え、煮汁が半分くらいになったら砂糖とみりんを加える。ねっとりしてきたら完成。

「食べるのに一生懸命で、
願い事を忘れちゃった」
「願い事…なんにもない。
はははは！
おいしいのが
食べられるのが、
ありがたいね」

具材はバランスを
考えて彩りよく。
手前に
並べるようにすると、
きれいに巻ける。

だまって
食べられる
かな？

おかしくて、
だまって
食べられへん

今年は
珍しいのが
食べられた
ありがとう

ご住職の庭

冬

標高600メートルの
お寺の気温は、里より5度低い。
この冬は二度雪が降り、
積雪も5センチほど。
寒い時期は庭の鉢植えを
室内に入れて保護する。

マンリョウ

冬に鮮やかな赤い実をつけ、
本堂と客殿の間の中庭を彩る。
寒さに強く、雪に押されて
倒れたこともあるが、
枯れたことはないのだそう。
25年ほど前、ご住職が植えた。
夏には白い小さな花が咲き、
実は寒くなり始めると
徐々に色づく。

梅

ご住職が入寺する前から、
お寺とともにあった木。
秋にはつぼみをつけ、
冬の間その姿を
楽しませてくれる。
大きくなりすぎないよう、
毎年剪定を欠かさない。

ロウバイ

冬の生け花を助けてくれる
「すぐれもの」とご住職。
信者さんから挿し木の苗をもらい、
5メートルほどに育った。
秋にはつぼみをつけ始め、
暖かければ12月終わり頃から
花を咲かせる。花の少ない時期の
前庭を彩り、梅に似た香りで
来訪者を楽しませている。

お正月の門松

新年を間近に控えた12月下旬、
本堂の正面に門松が飾られる。
門松を彩る南天、笹、梅は、
お寺の庭で育てられたもの。
今年は松竹梅に紅白の葉牡丹を
加えて華やかに。
この時期は寒さで水が凍るため、
何もしなくても
お花を長く楽しめるのだそう。

観音様が呼んでくださった

ご住職は、このお寺に来たことを「観音様が呼んでくださったのよ」と言います。

京都のお寺にいた頃、目の悪い信者さんに付き添い、月に一度、観音寺にお参りに来ていたそう。その頃、お寺は廃寺寸前。本堂の屋根瓦は崩れ、ご本尊は朽ち、訪れる人もほとんどいなかったそうです。

高野山での修行を終え、勤めるお寺を決めるとき、迷わずこの観音寺を選んだ、といいます。

「仏の道に入った者として、不便だとか坂が大変だからといって、ひとつのお寺を失くしてはいけない、と思った。それにこういうところは、実際に住まないと守っていけないでしょう？」

そのときご住職は38歳。縁もゆかりもないこの山奥のお寺に一人でやってくる、というのは相当の覚悟だったと思います。

それでもご住職はカラカラ笑いながら、ご本尊様を修復し、山道を作り、寺まわりの草花をおいしく料理しながら生活してきました。

30年たったいま、美しい観音寺には訪れる人が絶えません。

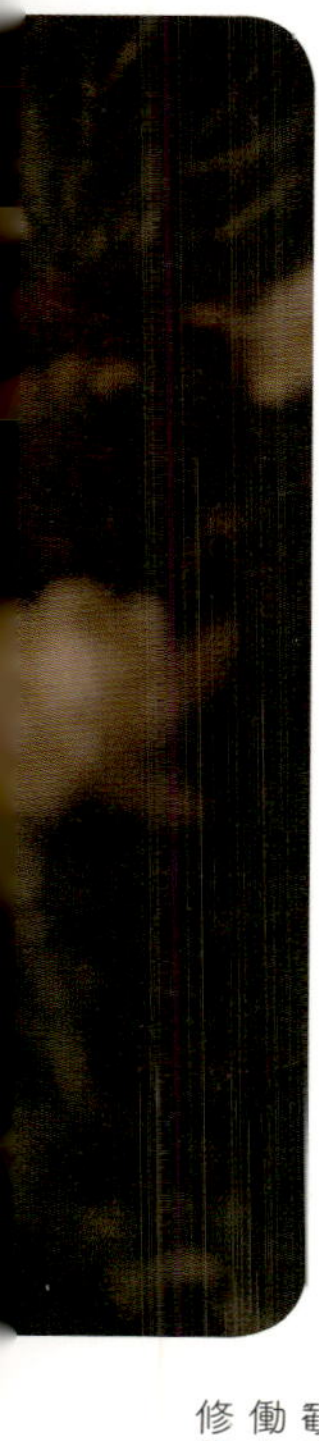

観音様もご住職の働きが実を結び修復が実現した。

お勤めは日課である早朝と、
折々の行事に。
2人揃って行う。

遠い場所から拝む「遥拝《ようはい》」。
あまねくところに
お経が届くように祈る。

おわりに

番組プロデューサー　倉森京子

「あ、その番組見てます。素敵な尼さんたちのお寺、一度行ってみたいなぁ」

「やまと尼寺 精進日記」の放送が始まって、ちょうど2年。初めて会う方に番組の話をすると、笑顔の反応をいただき嬉しくなることが増えてきました。

　戸田裕美子ディレクターの「夏休みの出会い」から始まった番組。現在は、高橋亘、田上志保、田向奈央子ディレクターが加わり、交代で担当しています。放送のおよそ1か月前、ディレクターは2泊とか3泊でお寺に滞在します。日々の仕事を手伝い、台所で普段の食卓を一緒に囲みながら、ひと月後にどんな撮影をするのか相談します。月ごとの行事や、旬の料理。同じ6月でも、去年と今年は別の6月。去年にまだ青梅で「梅酒」「梅味噌」から始まった梅仕事も、熟れが早い今年は「梅干し」を漬け始める、という風に。ご住職たちは、山の気候や植物の育ち具合から季節の進行を的確に読み取り「今日すべき仕事」を決めていかれます。

　支える撮影チームは、番組開始以来、小林正英カメラマン率いる同じメンバーが担当しています。車が入れない山道、どのようにして膨大な機材を運び込む